글 양영지

요즘은 내 주위에 있는 모든 것이 저마다 의미가 있는 것 같아, 고맙고 사랑스러운 마음이 절로 우러나와요. 그러다 보니 어린이집 다니는 손녀가 앙증맞게 부르는 노래를 듣다가 눈물이 나기도 한답니다. 그동안 쓴 책으로《베이비 사인》,《비야 비야 제비야》,《세상에서 고구마를 가장 맛있게 먹는 방법》이 있고, 함께 쓰고 그린 책으로《괴물을 보았어》,《까불이 1학년》 중에 〈짝꿍이 뭐 그래〉가 있어요.

그림 조수진

홍익대학교와 대학원에서 그림을 공부했어요. 작업실에 있는 내가 가장 '나답다'라고 느낀답니다. 늘 '행복'을 중요하게 생각하고 있어요. 우진이와 우진이를 닮은 딸 1호, 우진이를 더 닮은 딸 2호에게 부끄럽지 않은 그림책 작가가 되기 위해 노력 중이지요. 쓰고 그린 책으로《우진이의 일기》와 2016년 볼로냐 국제아동도서전에서 올해의 일러스트레이터로 선정된《달토끼, 거북이, 오징어》가 있어요.   http://suejene.blog.me

우리그림책 열아홉

땅속나라 여왕님의 별난 옷

ⓒ 글 양영지·그림 조수진, 2016

펴낸날 1판 1쇄 2016년 4월 29일 1판 2쇄 2021년 6월 21일

글 양영지 그림 조수진

펴낸이 문상수 펴낸곳 국민서관㈜ 출판등록 제406-1997-000003호

주소 (10881) 경기도 파주시 광인사길 63 국민서관㈜

전화 070)4330-7866 팩스 070)4850-9062

홈페이지 http://www.kmbooks.com 카페 http://cafe.naver.com/kmbooks

페이스북 http://www.facebook.com/kookminbooks 인스타그램 @kookminbooks

ISBN 978-89-11-12527-2 77810 값 14,000원

* 잘못된 책은 구입하신 곳에서 바꿔 드립니다.
* 이 책의 일부를 재사용하려면 반드시 국민서관㈜의 동의를 얻어야 합니다.

「이 도서의 국립중앙도서관 출판예정도서목록(CIP)은 서지정보유통지원시스템 홈페이지(http://seoji.nl.go.kr)와 국가자료공동목록시스템(http://www.nl.go.kr/kolisnet)에서 이용하실 수 있습니다. (CIP제어번호 : CIP2016009462)」

땅속나라 여왕님의 별난 옷

양영지 글 | 조수진 그림

국민서관

"아, 뭐 재미난 일 없을까? 똑같은 일만 하는 건 너무 따분해!"
땅속나라 여왕님은 궁궐을 돌며 이 문 저 문 열어 보았어.
그러다 새로운 문을 찾아낸 거야.
"바깥문? 언제부터 있었지? 감히 누구 허락받으라는 게야!"
힘껏 문을 열던 여왕님은 눈을 번쩍 떴어.
꿈에도 생각 못 한 바깥세상이 보였거든.
"여봐라! 침방대신은 땅속 체통 여왕 체통 살려서 새 옷을 지어 오너라.
바깥세상 구경 한번 가 보자!"

"바, 바깥세상이라고? 어떻게 아셨지?"
침방대신은 깜짝 놀라 주저앉았어.
"거긴 옷감 재료 찾으려
아무도 몰래 넘나드는 덴데……."

그 누구도 여왕님 명령을 어길 수 없었어.
옷감 중의 최고 옷감 비단을 골라 놓고,
"쪽물 치자 물들여 파랑 멋을 내어라 노랑 멋을 내어라.
금박 은박 찍어서 모란 무늬 봉황 무늬 새겨라."
침방 문턱 다 닳도록 침방대신 드나들었지.

"입은 듯 벗은 듯 매끄럽고도 따듯하구나."
새 옷 입은 여왕님 입꼬리가 귀에 붙고
거울에 비친 여왕 모습 이리 돌고 저리 도네.
땅속나라 여왕님 신이 나서 서둘렀어.
"호위대신 앞장서라! 바깥세상 어서 가자!"
바깥문을 활짝 열고 힘차게 내디뎠지.

"어허라? 바깥세상이 왜 이러냐!"
땅속나라 여왕님이 깜짝 놀라 소리쳤어.
하필이면 물 깊은 냇가에 빠진 거야.
비단옷에 휘감긴 채 훠이훠이 버둥버둥,
그물에 걸린 물고기 같았지.
"와! 저렇게 입고 멱을 감다니!"
바깥세상 사람들이 구경하러 몰려들었어.

땅속나라 여왕님 허둥지둥 내빼느라
비단옷은 다 찢긴 채 홀딱 젖은 생쥐 꼴이야.
체통 찾던 여왕님이 덜덜 떨며 소리쳤어.
"미련한 침방대신아! 에엣취! 고뿔 든다!
내, 궁궐에 닿기 전에 당장 따뜻한 옷 지어 놔라!"

벼락같은 성난 소리 땅속까지 쩌렁댔어.
화들짝 놀란 침방대신 털 뭉치를 껴안고 들이뛰고 내뛰었어.
여왕님 오시기 전 털옷을 지어 내야 하거든.
"물에 약한 비단 성질 알았더냐, 몰랐더냐!"
궁궐에 닿은 여왕님 붉으락푸르락 다그쳤어.
"이 털옷은 물에도 끄떡없고 언 마음도 녹이나이다."
"오! 정말로 가볍고도 포근하구나."
털옷 걸친 여왕 마음 봄눈 녹듯 풀어졌지.

"이대로는 바깥세상 못 잊겠다!"
아쉬워하던 여왕님은 바깥세상에 다시 갔어.
때마침 잔치가 벌어진 거야.
땅속나라 여왕님도 신명 나게 춤을 추니
등줄기며 가슴팍이 땀에 절었지.

"이 더운 날 털옷이 웬일이래?"
"그러게나, 정신이 나갔나 봐."
바깥세상 사람들이 흘낏대고 수군댔어.

"털옷을 입혀서 창피하게 하다니!"
잔치판을 빠져나온 여왕님은 참을 수가 없었어.
"쪄 죽겠다, 쪄 죽겠어! 궁궐에 닿기 전 시원한 옷 지어 놔라!"
침방대신 들으라고 땅을 치며 소리쳤지.

몸이 단 침방대신 침방 문을 들락날락.
"가늘게 가늘게 쪼개어 길게 길게 이어라.
씨실을 만들어라, 날실을 만들어라."
모시풀 삼 껍질로 옷감을 짜는 거야.
"실꾸리를 넣고서 서둘러라 서둘러!"
침방대신 잔소리가 베틀 방에 늘어졌어.

"땅속나라 여왕님이 바깥 구경 웬 말이래?
바깥세상 갔다 하면 변덕이 죽 끓는다! 죽이 끓어!"

침방대신 푸르락누르락 속내를 누른 채
한 치 두 치 마름질, 싹둑싹둑 가위질.

숭덩숭덩 시침질, 한 땀 두 땀 박음질.

"여왕님 오시면 마음대로 고르라지."
모시옷도 만들고 삼베옷도 만들었어.

눈치 빠른 침방대신 여왕님이 꾸중할까
공작 부채 매화 부채, 슬금슬금 부채질!
"세모시에 부채 바람이라, 눈꺼풀이 천근만근이네, 아함."
하품하던 여왕님이 까무룩 잠이 들었어.
한숨 돌린 침방대신 두 손 모아 빌었지.
"바깥세상에 제발! 그만 갔으면!"

응애 응애응

"바깥세상이 뭐가 그리 재미있다는 거야?"
침방대신 구시렁대며 바깥문을 빠끔 여니
"응애응애!"
울음소리 우렁차게 들려왔어!
깜짝 놀란 침방대신 냅다 문을 닫았지만
잠들었던 여왕님이 황소 눈을 번쩍 떴네.
"오! 이내 가슴을 울리는 소리로다!"
호위대신 알아보니 아기가 태어났다네.

"바깥세상에 가야겠다. 내 옷뿐만 아니라 아기 옷도 지어라."
'아이고, 세상에나! 바깥세상에 또 가신다니! 갓난아기는 어떤 옷이 좋을까나?'
이리 생각 저리 생각 열흘 보름 생각 끝에
목화 다래 따다가 씨아를 돌리고 물레를 돌렸어.
'어느새 스무 날이 지났네!'
침방대신 발바닥에 불이 붙었지.
"굼벵이도 웃겠다! 지렁이도 웃겠다! 뭘 그리 꾸물대는고!"
기다리다 지친 여왕님이 침방까지 납시었어.
허둥지둥 침방대신 동동대며 서둘렀어.

새 옷 입은 여왕 모습 이상하다 했더니만,
단추를 안에 달아 옷 솔기가 겉에 있네.
'아뿔싸! 아기 옷도 뒤집어서 지었으니 이를 어째!'
여왕님 눈치 보며 침방대신 쩔쩔매도
옷을 살핀 여왕님은 헤벌쭉이 웃는 거야.
"오호! 아기 살결 눌릴까 봐 솔기를 겉으로 낸 게야!
침방대신 마음 씀이 이리도 찬찬했더냐."
여왕님 칭찬에 침방대신 으쓱했어.

'벼락같은 성난 소리 언제 또 들려올지…….'
여왕님 바깥 구경에 침방대신 조마조마 불안했어.
"까르륵 까꿍! 호호호!"
여왕님 웃음소리 땅끝까지 울려 댔어.
긴장했던 침방대신 가슴을 쓸어내렸지.

아기 모습 떠올리는 땅속나라 여왕님
혼자서도 손뼉 치고 자다가도 웃었어.
여왕님과 침방대신 그냥저냥 한동안은
아무 일도 없었지.
"아, 뭐 재미난 일 없을까?
아무래도 똑같은 일만 하는 건 너무 따분해."
아니나 다를까, 여왕님이 또 새로운 걸 찾고 있네!

'이번에도 틀림없이 별난 옷을 지으라 하실 거야!'
눈치 빠른 침방대신 단단히 마음먹었어.

침방대신에게 배우는 옷과 옷감 이야기

옷은 우리 몸을 감싸서 가리거나 보호하는 물건이에요. 추위나 더위, 위험으로부터 몸을 보호해 주고
멋을 낼 수 있게 해 주지요. 옛날에는 옷으로 신분이나 지위를 나타내기도 했답니다.
사람들은 사는 곳이나 하는 일, 날씨 등에 맞춰 재질이 다른 옷을 입어요.
내가 입는 옷은 무엇으로, 어떻게 만들었는지 함께 살펴보아요.

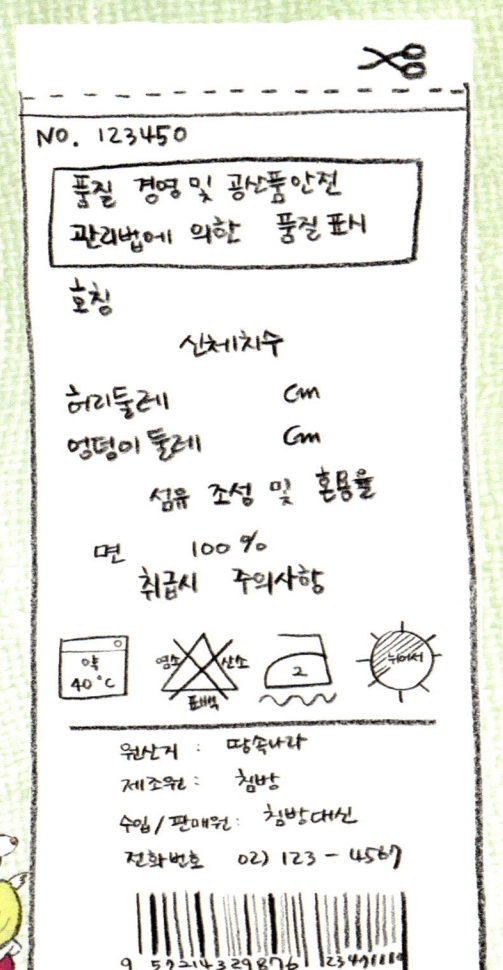

나는 어떤 옷을 입었을까?

지금 입고 있는 옷을 뒤집어 보세요. 옷의 크기와 옷감의 종류, 어느 나라 어느 회사에서 만들었는지, 그리고 세탁 방법까지 알려 주는 표가 붙어 있어요. 아기 옷은 이 표를 옷의 바깥에 붙여요. 여린 아기 살갗을 보호하려는 것이지요.

침방대신은 어떤 옷감을 썼을까?

1) 땅속 체통 여왕 체통 살리려던 옷감, 비단

비단은 누에고치에서 뽑은 실로 짠 동물성 옷감이에요. 견직물의 하나로 실크라고도 하지요.
비단은 질감이 부드럽고 고급스러운 광택이 나는 것이 특징이에요.
가볍고 따뜻하면서 공기도 잘 통해요. 잘 구겨지지도 않고 정전기도 일지 않으니
최고 옷감이라 할 만하지요.
비단이 얼마나 좋은지 '마음씨가 비단결같이
곱다'는 말이 생겨 날 정도랍니다.
하지만 아무리 최고 옷감이라 해도 물에 젖으면
잘 찢어지고 햇빛에 두면 누렇게 바래는 단점이 있어요.

2) 여왕님 마음을 따뜻하게 녹인 옷감, 모직물

양, 토끼, 낙타, 알파카, 산양 등 모든 동물의 털을 '모'라고 해요. 이 모로 짠 옷감이 바로 모직물이지요. '울'이라고도 하는데 우리나라는 예로부터 양모로 옷감 짜는 기술이 뛰어나서 삼국 시대부터 화려한 양모 깔개(카펫)를 만들었다는 기록이 있어요. 모직물은 가볍고 보온성이 뛰어나요. 추울 때 입는 두꺼운 외투나 목도리, 털장갑, 털모자 등이 모로 만드는 것이지요. 모가 많이 들어간 것일수록 가볍고 따뜻해요. 하지만 정전기가 일어난다는 단점도 있어요. 모의 일종인 머리카락에서 정전기가 잘 이는 것을 보면 알 수 있겠죠?

3) 시원한 바람 솔솔 들어오는 옷감, 삼베와 모시

침방대신이 시원한 옷을 달라는 여왕님을 위해 준비한 삼베와 모시는 마직물의 하나예요. 마직물은 까슬까슬해서 살갗에 달라붙지 않고 바람이 잘 통해요. 그래서 더운 여름에 즐겨 사용하지요.

삼베(베)는 삼(대마)이라는 식물에서 실을 뽑아 만든 거예요. 마직물 중에 올이 가장 굵고 성기며 색이 누렇지요. 표백하면 옷감이 상해서 누런 채로 사용해요. 삼베는 뻣뻣하고 신축성이 없지만 질기고 물에 강해요. 또 항균 기능이 있어서 수의로 많이 쓰였어요. 우리나라뿐 아니라 이집트 미라를 감았던 천에도 주로 삼베가 쓰였어요.

모시는 모시풀(저마)에서 실을 내어 만들어요. 삼베보다 올이 곱고 하얗지요. 통기성과 흡습성이 좋아 젖어도 쉽게 말라요. 하지만 잘 구겨진다는 단점이 있답니다. 땅속나라 여왕님은 세모시를 곱게 차려입고 까무룩 잠이 들어요. 이 세모시는 모시 중에서도 올이 가장 가늘고 고운 모시를 이르는 거예요. 매미 날개같이 곱고 눈처럼 희어서 귀신도 탐냈다는 말이 있을 정도예요. 한산에서 생산되는 한산모시를 으뜸으로 치지요.

4) 갓난아기를 위한 옷감, 면

침방대신은 몇 날을 고민하다 목화에서 실을 뽑아 옷감을 짜 아기 옷을 만들었어요. 이 옷감이 면직물인데 흔히 '면'이라고 해요. 면직물에는 베틀로 짠 무명, 기계로 짠 광목과 옥양목이 있어요. 또 '융'이라는 촉감이 아주 부드러운 옷감도 있지요. 갓난아기들이 입는 배냇저고리를 주로 융으로 만들어요.

면직물은 땀을 잘 흡수하고 공기가 잘 통할 뿐만 아니라 감촉도 부드럽고 보송보송해요.

물에 젖으면 강도가 강해져 삶아도 되고, 정전기도 생기지 않아 피부에도 좋아요.

대신 구김이 잘 가고 신축성이 없지요. 면직물은 수건, 양말, 속옷, 기저귀부터 이부자리, 커튼 등 우리 생활 곳곳에서 쓰이고 있어요. 운동화나 청바지를 만드는 옷감도 면의 일종이랍니다.

지금 입은 옷 중에 100% 면으로만 만든 것도 있을 거예요. 한번 살펴보아요.

침방대신은 어떤 도구로 어떻게 옷을 지었을까?

옷을 지으려면 실, 바늘, 골무, 가위, 자 등의 바느질 도구가 필요해요. 이런 것들은 반짇고리에 담아 보관하지요. 옛날에는 어떤 옷이든 손으로 바느질해서 만들었어요. 먼저 몸의 치수를 재어 옷감에 본을 떠 가위로 자르고, 실과 바늘로 시침질 박음질 등 바느질을 하는 거예요. 바늘에 찔리지 않도록 손가락에 골무를 끼기도 하지요. 사이사이 인두나 다리미로 다려 솔기를 가르거나 모양을 잡아 주기도 한답니다. 특히 마직물로 만들 때는 꼭 풀을 먹여요. 이렇게 하면 옷의 모양새가 살아나거든요.

 ## 침방대신은 옷감에 어떻게 멋을 냈을까?

1) 물들이기

옷감의 본래 색은 하얗거나 누렇지요. 우리 조상들은 식물의 잎이나 꽃, 열매, 뿌리, 벌레, 조개 등에서 염료를 얻어 내어 옷감에 알록달록 물을 들였어요. 푸른색은 쪽이라는 풀의 잎에서, 붉은색은 홍화 꽃이나 소목의 나무줄기에서, 노란색은 치자 열매에서 염료를 얻었어요. 검은색은 오리나무 열매와 잎, 그리고 붉나무 잎에 오배자충이라는 벌레가 지어 놓은 집인 오배자로 염색을 했어요. 염료의 재료에서 즙을 내거나, 재료를 물에 넣고 우리거나 팔팔 끓여서 염료를 만들어 썼지요. 염색한 옷감에는 풀을 먹이는 푸새를 하거나 다듬이질을 해 마무리하였어요. 이렇게 하면 천도 질겨지고 빨래할 때 더러운 때도 잘 빠져 색이 오래간답니다.

2) 무늬 넣기

우리 조상들은 밋밋한 옷감에 무늬를 넣어 멋을 냈어요. 옷감에 그림 그리기, 수놓기, 무늬찍기, 그리고 무늬를 만들어 가며 옷감 짜기 등 다양한 방법으로 무늬를 넣었어요. 갖가지 무늬는 옷을 아름답게 장식하는 것 말고도 장수나 행복 등을 기원하는 상징적인 의미도 담고 있어요. 한평생 건강하게 오래 살기를 바라는 마음에서 학 무늬와 거북 무늬를, 출세하라는 뜻으로 잉어 무늬를, 부귀영화를 누리길 바라며 모란 무늬를, 많은 자손을 두어 가문이 번성하길 바라며 덩굴무늬나 연꽃무늬 등을 즐겨 썼어요. 복(福)이나 수(壽) 같은 글자를 넣어 옷을 입는 사람이 그렇게 되기를 기원하기도 했고요.

여러 무늬 중에 용무늬와 봉황 무늬는 특별하게 다뤘어요. 용은 모든 동물의 우두머리라 여겼기 때문에 임금에 비유했어요. 그래서 임금의 얼굴을 용안이라고 했고 임금의 옷인 용포에도 용무늬를 새겨 임금의 위엄이 드러나게 했지요. 봉황은 태평성대를 예고하고 좋은 기운을 모아들인다는 상상 속의 새로, 고상하고 품위 있는 모습 때문에 왕비에 비유하기도 했어요. 수컷은 '봉', 암컷은 '황'이라 해서 항상 두 마리를 함께 그렸는데 주로 왕비가 입는 옷이나 장신구에 사용했답니다.

금박 은박 무늬는 밤나무 대추나무 등 단단한 나무판에 부귀영화 등을 상징하는 무늬를 새긴 후 접착제를 발라 옷감에 찍어요. 그 위에 금박지나 은박지를 놓고 솜뭉치로 두드리면 무늬가 만들어지지요. 금박 은박 무늬가 새겨진 옷감은 아주 우아하고 화려했어요. 조선 시대에 주로 궁중 예복에 사용하였는데 왕, 왕비, 공주 등 그 직위에 따라 새기는 무늬를 달리했어요. 상궁 옷에는 절대로 금박 은박을 찍을 수가 없었답니다.

우리 조상들은 이렇게 옷감에도 갖가지 방법으로 독특하게 멋을 낼 줄 알았어요. 그것이 오늘날 한류라는 이름으로 우리나라의 폭넓은 멋을 세계가 함께 즐기는 데에 바탕이 된 것 중 하나랍니다.